PETER BRZESKI

SATANS BEICHTE

VINDOBONA
VERLAG SEIT 1946

Bibliografische Information
der Deutschen Nationalbibliothek:

Die Deutsche Nationalbibliothek
verzeichnet diese Publikation in
der Deutschen Nationalbibliografie.
Detaillierte bibliografische Daten
sind im Internet über
http://www.d-nb.de abrufbar.

Alle Rechte der Verbreitung,
auch durch Film, Funk und Fernsehen,
fotomechanische Wiedergabe,
Tonträger, elektronische Datenträger und
auszugsweisen Nachdruck,
sind vorbehalten.

www.vindobonaverlag.com

© 2023 Vindobona Verlag

ISBN 978-3-949263-88-0
Lektorat: Elisa Anndaberg
Umschlagfotos: Andreykuzmin,
Dvdeo | Dreamstime.com
Umschlaggestaltung, Layout & Satz:
Vindobona Verlag
Innenabbildungen: Peter Brzeski

Gedruckt in der Europäischen Union
auf umweltfreundlichem, chlor- und
säurefrei gebleichtem Papier.

INHALTSVERZEICHNIS

Die Geschichte von Adam und Eva 7
Von Affen 9
Dinosaurier 11
Vom Ei 13
Unsere Zivilisation 14
Gottes Hände 17
Unsere Geschichte 19
Ernährung und Gesundheit 21
Sport 23
Unsere Hygiene 24
Unsere Kleidung 25
Unsere Sexualität 26
Unser Gott 27
Unsere Verbote 28
Gottes Strafen 30
Das Jüngste Gericht auf Erden zu Lebzeiten 31
Paradies nach unserm Gott 32
Meine Begegnung mit dem Teufel und seinen
satanischen Tricks 34
Meine persönlichen Strafen 59
Warum Satan mich ausgewählt hat 60

DIE GESCHICHTE VON ADAM UND EVA

Die Geschichte von Adam und Eva im Alten Testament, die beschreibt, dass sie die ersten Menschen im Paradies waren, ist falsch. Denn ich glaube nicht, dass aus zwei Menschen die ganze Menschheit entstehen kann. Außerdem glaube ich auch nicht, dass Gott wollte, dass wir Inzest betreiben, damit meine ich die Kinder von Adam und Eva.

Adam und Eva sind nur das Symbol für uns Menschen im Paradies! Der Apfel hat zwei Bedeutungen: Einmal das, was wir im Paradies gegessen haben, also Obst, und die zweite Bedeutung ist unsere Versuchung. Das war nicht, die verbotene Frucht zu essen, sondern – womit sollen Kinder nicht spielen? Mit dem Feuer. Wir sind Gottes Kinder, wir sollten nicht mit dem Feuer spielen, das war unsere Versuchung.

Deswegen mussten wir das Paradies verlassen.

Warum ist der Teufel als Schlange dargestellt? Das ist auch ein Symbol. Wann sind Schlangen für uns gefährlich? Wenn wir ihnen zu nahe kommen.

Wie sollte man sich das Leben im Paradies vorstellen? Meine Vorstellung ist folgende: Das, was uns jetzt beschränkt, hat es nicht gegeben, also Zäune, Grenzen. Wir waren freie Menschen, nackt, zur Freude von Naturisten.

Wir waren vegan, zur Freude aller Veganer.

Ich glaube auch nicht, dass es Jesus gegeben hat, denn wir sind Gottes Kinder. Welcher Gott zeugt mit seinen Kindern Kinder? Welcher Gott braucht menschliche Opfer? Der Teufel und die Menschen. Welche Völker haben noch ihren Göttern Menschen geopfert? Die Azteken, Maya, Inka. Außerdem, wenn Jesus für unsere Sünden gestorben ist, warum können wir weiter sündigen? Soll er für uns noch einmal sterben, damit wir von Sünden frei sind?

Wir brauchen keine prunkvollen Kirchen, um Gott zu feiern, wir brauchen auch keine Gottesdiener, die auf ihre Sexualität verzichten müssen, denn im Paradies gab es auch keine Kirchen und auch keine Prediger. Es gab Gott, uns und unsere Mutter Natur. Wo finden wir unsern Gott? Er ist überall und sieht alles, genauso wie der Teufel.

VON AFFEN

Warum wir nicht vom Affen abstammen? Warum sollte ein Tier freiwillig sein Fell verlieren? Hat es zuerst das Feuer erfunden und dann sein Fell verloren, weil es zu warm war? Oder hat es sich auf der Jagd das Fell von anderen Tieren übergezogen und dann sein eigenes Fell verloren? Wie lernen menschliche Kinder einen aufrechten Gang? Sie brauchen meist Hilfe von Erwachsenen oder durch Gegenstände wie einen Stuhl, einen Tisch oder ein Bett. Wie sollten das die Affen gemeistert haben, haben sie sich gegenseitig festgehalten, um aufrecht gehen zu lernen, oder haben sie den Dschungel verlassen und dann in der Savanne gelernt, aufrecht zu gehen? Mit welcher Hilfe? Was haben die anderen Tiere in der Savanne dazu gesagt, wie Löwen oder Leoparden, waren die nicht eine leichte Beute? Wonach haben eigentlich die Affen in der Savanne gesucht, nach Essen? Was kann man dort essen? Entweder Gras oder Fleisch. Was futtern eigentlich die Affen am liebsten? Pilze, Nüsse, süße Baumsäfte, Samen und andere Pflanzenteile wie Blüten, Blätter und Wurzelknollen. Wir Menschen und auch Tiere können uns anpassen, aber nicht wehren.

DINOSAURIER

Nach meiner Ansicht gab es auch keine Dinosaurier, denn wie haben sich die Riesenechsen vermehrt mit ihren riesigen Schwänzen, wie zum Beispiel der Tyrannosaurus Rex? Vielleicht haben sich die Weibchen auf den Rücken gelegt, um sich zu paaren. Oder vielleicht wie Kängurus, sodass das Weibchen sich mit seinen kurzen Vorderbeinen auf dem Boden abgestützt hat, was natürlich unmöglich ist, weil die Vorderbeine viel zu kurz sind. Wie hätten die Riesenechsen ihre Eier ausbrüten sollen, wie Hühner oder wie Krokodile? Außerdem, wie hat der Tyrannosaurus Rex seine Beute zerrissen, vielleicht wie Krokodile? Er hatte doch ähnliche Zähne. Die Knochen, die gefunden worden sind, sind des Teufels Werk, damit wir glauben, dass es so war.

VOM EI

Das Leben stammt nicht aus einem Ei, sondern von Gott. Was war zuerst da, das Huhn oder das Ei?

UNSERE ZIVILISATION

Unsere Zivilisation ist ein Traum, der niemals in Erfüllung gehen kann, weil wir von Wachstum leben, und unbegrenztes Wachstum in begrenztem Raum mit begrenzten Ressourcen ist einfach unmöglich!
Mit jedem Tag bauen wir eine Utopie! Es erinnert mich an die Reise auf der Titanic, alle wollten zu neuen Ufern nach Amerika, und wo sind sie gelandet? Im kalten Atlantik. Wenn wir die Erde weiter so erhitzen, werden wir auch in kaltem Wasser landen! Unser Konsum ist die schlimmste Droge, wir konsumieren unsere Erde, unser Zuhause. Wenn wir überleben wollen, sollten wir alle zu Minimalisten werden. Luxus ist verpönt, unser Gott will nicht, dass wir unnötig Ressourcen verschwenden! Zum Beispiel unsere geländetauglichen Fahrzeuge in der Stadt, die viel zu viel Sprit verbrauchen, weil sie viel zu schwer sind, ganz zu schweigen von den Produktionskosten. Wie viel mehr Trinkwasser verbraucht man, um so ein Auto zu bauen? Einfach nur um zu zeigen, was man so hat! Das sind unsere modernen Adams & Evas, die wollen beweisen, dass sie besser sind, als alle anderen. Im Paradies waren wir alle gleich. Genau wie unsere Elektroautos, die in der Produktion doppelt so viel Trinkwasser verbrauchen wie normale Autos. Außerdem, wo kommt unser Strom her? 20 % stammen aus erneuerbarer Energie und der Rest aus Kohle- und Atomkraftwerken. Man kann nicht von Umweltfreundlichkeit sprechen, schon gar nicht von 100 %, das sind alles nur Lügen. Haben Kohlekraftwerke Katalysatoren? Nein. Für Braunkohlekraftwerke sind Katalysatoren noch nicht einmal vorgeschrieben – fast 30 Jahre nach der Einführung der Katalysator-Pflicht für neue Pkw. Wie entstand so viel Kohle auf der Erde auf natürliche Weise? Kohle ist im Laufe vieler Millionen Jahre aus abgestorbenen Pflanzen entstanden,

die in tiefen Erdschichten hohem Druck und hohen Temperaturen ausgesetzt waren, was zum Prozess der Inkohlung führte. Im Verlauf der Inkohlung entstand zunächst Torf, dann Braunkohle, Steinkohle und schließlich Grafit. Wie ist es möglich, dass abgestorbene Pflanzenreste in solchen Mengen unter die Erde kamen? Es ist unmöglich, das waren Gottes Hände, damit wir Zivilisation spielen können!

Elektroautos und Elektrofahrräder sind eine Sünde gegen unsere Mutter Natur und unser Zuhause,

die Erde. Laut Google haben wir noch 50 Jahre für unser Zivilisationsspielchen, so lange reichen die Erdölvorräte, und was dann? Was passiert ohne Erdöl? Wir werden arbeitslos und wir werden verhungern. Was läuft ohne Erdöl? Nichts, kein Transport, keine Autos, Flugzeuge, Trecker, Kunststoffe, Schiffe – es wird eine Massenarbeitslosigkeit geben, Plünderung und vielleicht Kriege, wenn wir uns nicht helfen. Wir müssen Verzicht üben, sonst sieht es für uns sehr schlecht aus! Was sollen unsere Kinder von uns denken, was sollen sie in der Zukunft essen? Asphalt, Zement – wir bauen alles zu. Unsere Städte werden immer größer und größer, alle wollen in der Stadt leben und dabei vergessen wir, woher wir kommen, nämlich von unserer Mutter Natur. Wie entsteht Zement? Durch eine chemische Reaktion mit viel Energie aus Naturprodukten wie Kalkstein und Ton, wir brauchen 1400 Grad Celsius, um das Gemisch zu erhitzen! Womit erhitzt man die Brennöfen? Mit Resten von Autoreifen und Plastik. Wie entstehen Autoreifen? Aus Kautschuk, hauptsächlich synthetisch durch Polymerisation, und die bestehen aus Erdöl.

Wie ist Erdöl entstanden? Aus toten Tieren und Pflanzen. Wie kann man aus toten Tieren Öl pressen? Das kann man nicht! Aus welchen Pflanzen kann man Öl pressen? Aus öligen Pflanzen. Welche Pflanzen verwenden wir, um Öl zu pressen? Raps, Sonnenblumenkerne, Nüsse und andere ölhaltige Pflanzen. Wie kann es sein, dass so viel Öl entstanden ist? Wie riechen unsere Öle? Die riechen gut. Wie riecht Erdöl? Wer das nicht weiß, soll heißen Asphalt riechen! Es riecht nach Tod! Gott hat dieses Öl gepresst, damit wir Zivilisation spielen können, das ist die Strafe dafür, dass wir auf den Teufel gehört haben und das Paradies verlassen mussten!

Was braucht man, um so viel Öl zu erzeugen? Monokulturen! Was braucht man, um Monokulturen anzulegen? Chemie! Was ist Erdöl? Pure Chemie! Und eine riesige Presse! Wie kann es sein, dass unter den Meeren so viel Erdöl vorhanden ist, hat jemand das Meer ausgepumpt und dann was gepflanzt? Wie ist Erdgas entstanden? Auf die gleiche Methode, durch Gottes Hände.

GOTTES HÄNDE

Jeder weiß, dass es einen Kontinent gab, der unser Paradies war. Warum driften die Kontinente auseinander? Weil Gott wollte, dass natürliche Grenzen entstehen, damit so viele Unterschiede entstehen, so viele Menschenrassen, damit wir uns bekriegen. Das ist Gottes Strafe. Wer hat die Sahara abgeholzt? Gottes Hände, damit eine natürliche Grenze entsteht, genau wie andere Wüsten und Berge. Wie entstanden die Berge, warum sind die Berge so spitz? Damit wir uns verletzen, wenn wir klettern, oder sterben – das ist Gottes Strafe. Wie macht man einen riesigen Stein spitz? Dazu braucht man einen riesigen Winkelschleifer mit Diamantscheibe. Wer hat so ein Werkzeug? Nur Gott. Kann man Granit zusammenschieben, damit spitze Berge entstehen? Nein! Haben andere Planeten solche Berge? Nein! Auf der Erde gibt es atmosphärischen Druck und im Weltall Vakuum, warum wird die Atmosphäre nicht ausgesaugt durch das Vakuum? Weil Gott das so wollte. Warum der Meeresspiegel bis jetzt nicht angestiegen ist und nicht wesentlich ansteigen wird? Weil es das meiste Eis in der Antarktis gibt, und diese liegt auf dem Wasser. Warum gibt es so viel Wasser auf unserm Planeten und warum gibt es so viel Salzwasser? Weil Gott feststellen wollte, ob Salz für uns Gift ist! Dass so viele Wälder entstanden sind, damit wir wie Tiere leben, das ist auch Gottes Strafe! Damit wir überleben, hat uns der liebe Gott auch Süßwasser geschenkt.

UNSERE GESCHICHTE

Wie sind die Pyramiden entstanden? Wie kann man solche riesigen Blöcke aus dem Steinbruch zerschneiden, was braucht man dazu? Eine riesige Säge, außerdem braucht man Kräne. Woraus? Aus Holz! Aus welchem Holz? Haben die Ägypter die Sahara abgeholzt? Um Kräne zu bauen, Räder, Umlenkrollen, Seile? Um Holz zu bearbeiten, braucht man Metallwerkzeuge, haben die Ägypter so was gehabt? Nein! Haben die Maya und Inka Metallwerkzeuge gehabt? Wie behaut man Steine mit Hammer und Meißel, warum sind die oberflächennah so glatt, wer hat die erschaffen, der Mensch? Womit? Seit wir das Paradies verlassen mussten, haben wir Werkzeuge benutzt, weil Gott wollte, dass wir uns mausern bis heute, von der Steinzeit bis heute. Der Mensch sollte glauben, dass er schlauer als Gott ist und den Gott vergessen.

ERNÄHRUNG
UND GESUNDHEIT

Was haben wir im Paradies gegessen? Nur Obst und Nüsse! Dafür sind unsere Zähne gebaut, wir können alles andere essen, weil wir das Feuer beherrschen, weil jemand wollte, dass wir das Feuer beherrschen, der Teufel persönlich. Deswegen sind wir aus dem Paradies hinausgeflogen.

Was essen wir heute? Nur Müll! Wir sollten Müll essen, damit wir krank werden und sterben, das ist auch eine Gottesstrafe! Wer an Gott glaubt, soll kein Fleisch mehr konsumieren, keine Milch, keinen Honig, keinen Käse, keinen Alkohol, keinen künstlichen Zucker, keine Süßigkeiten, kein Brot, keinen Fisch, keinen Kaffee, keine Gewürze, keine Schokolade, kein Salz. Das ist alles Gift für unseren Körper! Wir sollten nur gesunde Nahrungsmittel zu uns nehmen, nur Obst und Nüsse.

Wir sollten nur sauberes Wasser trinken, Leitungswasser ohne Kohlensäure, um Müll zu vermeiden. Wir sollten uns fit halten, damit wir gesund bleiben. Wer an Gott glaubt, soll keine unnötigen Tabletten schlucken, keine unnötigen Operationen durchführen lassen, vor allem keine plastischen Operationen. Sonst treffen uns Strafen zu Lebzeiten oder nach dem Tod.

SPORT

Unser Gott will nicht, dass wir Gemeinschaftssportarten betreiben wegen des Konkurrenzkampfes, denn im Paradies gab es keine Konkurrenz. Keine Olympiade, kein Fußball, kein Tennis, kein Tauchen, kein Basketball, keine Sportarten, die mit Bällen zu tun haben, denn wir sind keine Hunde, die Bällen hinterher hecheln. Keine Extremsportarten, kein Klettern wegen der Verletzungsgefahr, keine Pferdesportarten, keine Fitnessklubs, keinen Hundesport, keine Kampfsportarten wegen der Gewalt und Verletzungsgefahr. Keine Wintersportarten wegen der Verletzungsgefahr und der Umwelt. Kein Segeln. Kein Motorsport wegen der Umwelt und Verletzungsgefahr. Überhaupt keine Sportarten außer Laufen, aber keine Marathons. Gymnastik und Schwimmen, keine Wettkämpfe. Radfahren ist erlaubt, aber keine Elektrofahrräder, die sollen nicht mehr benutzt werden. Sonst erwarten uns Strafen zu Lebzeiten oder nach dem Tod.

UNSERE HYGIENE

Wir sollen uns nur einmal in der Woche waschen, nur feste Seife benutzen, die in Papier eingewickelt ist. Nichts anderes sollen wir mehr benutzen, kein Parfum und keine Schminke. Zum Rasieren benutzen wir nur feste Seife und Pinsel. Wir rasieren uns nicht mehr unter den Achseln, keine Intimrasur und Rasur der Beine, unser Gott will das und er wird erreichen, was er will, so oder so. Sonst erwarten uns Gottes Strafen. Keine Tattoos und Piercings, keine künstlichen Fingernägel, kein Nagellack, keine gefärbten Haare. Wir sollen langes, gepflegtes Haar tragen, Männer so wie Frauen. Das ist unsere Vorbereitung aufs Paradies auf Erden. Zum Reinigen sollen wir nur Spülmittel benutzen, keine Chemie, sonst erwarten uns Strafen.

UNSERE KLEIDUNG

Wir sollen uns locker anziehen, keine enge Bekleidung tragen wegen der Durchblutung, keine Jeans wegen der Umwelt und den Giftstoffen, die in der Farbe enthalten sind. Keine Miniröcke, keine hohen Absätze wegen der Verletzungsgefahr, keinen Schmuck und keine Markenprodukte wegen der Unterschiede, denn im Paradies sind wir alle gleich, kein Leder und keine Pelze wegen dem Tierwohl. Keine Armbanduhren, denn im Paradies gibt es keine Zeit, keine Maskerade. Unser Gott will das und er wird das erreichen, so oder so, sonst folgen Strafen.

UNSERE SEXUALITÄT

Kein Analverkehr, kein Sadomaso, kein Onanieren, keine Sexspielzeuge, kein Viagra, kein Gruppensex, kein Porno, keine Kondome mehr benutzen, wir sollen daneben spritzen, wegen der Umwelt, unser Gott will das und er wird das erreichen, so oder so. Sonst gibt es Strafen.

UNSER GOTT

Unser Gott will nicht, dass wir Kirchen besuchen, unsere Sünden sollen wir nicht bei Menschen beichten, denn Gott ist überall und sieht alles. Wir sollen nicht Mekka besuchen und keine Beschneidung durchführen. Die Frauen sollen sich nicht vermummen. Kein Mohammed. Es gibt nur einen Gott, wir sollen keinen anderen Namen mehr verwenden, sonst treffen uns Gottes Strafen. Die Moslems sollen kein Fleisch mehr essen, wenn sie an Gott glauben.

Die Menschen sollen auch nicht mehr an Buddha glauben und an andere Götter, sonst folgen Strafen.

UNSERE VERBOTE

Gott will keine Kriege, keinen Mord, keinen Inzest, keine Lügen, keinen Diebstahl, keinen Rassismus, keine Nazis, keine Kriminalität, keine Gewalt, keine Streiks, keine Sklaverei, keine Atomwaffen, sonst folgen Gottes Strafen. Keine neuen Häuser und Straßen, wir sollen nichts mehr bauen, auf der Autobahn sollen wir nicht schneller fahren als 130 km/h. Wir sollen uns beschränken auf das, was wir haben, wir sollen keine neuen Dinge kaufen wegen dem Jüngsten Gericht auf Erden. Wir sollen Gefahr vermeiden, keinen Abenteuerurlaub mehr machen. Kein Füttern wilder Tiere, ganz besonders der Tauben, die wissen sich selber zu helfen. Wir sollen unnötige Taxifahrten vermeiden, sonst gibt es Strafen. Wir sollen keine Kraftwerke, Windräder und Sonnenkollektoren mehr bauen und keine Elektrogeräte mehr kaufen, wenn wir uns beschenken, so wie unser Gott das will, brauchen wir den Scheiß nicht mehr. Unser Gott ist immer zwei Schritte voraus. Wir sollen uns gegenseitig helfen. Wir sollen keinen Nobelpreis entgegennehmen, weil er nichts Gutes getan hat. Gott will keine Geburtstagsfeier, denn im Paradies gab es keine Uhren und Kalender. Wir können uns treffen, ohne Alkohol zu trinken und mit sauberen Speisen und ohne Geschenke. Wir sollen kein Weihnachten mehr feiern und auch kein Ostern, denn Jesus hat es nicht gegeben. Gott erlaubt kein Puff, kein Lotto, keine Spielhalle, keine Waffen, keine Drogen, keinen Alkohol, keine Zigaretten, keinen Konsum – wir sollen nur das Nötige kaufen, sonst erwarten uns Strafen. Keine Kaugummis, keine Schnittblumen, keine Diskotheken, keine Konzerte, keine Partys, keine Kneipen, keine Restaurantbesuche, kein Zirkus. Keine Sauna und Massage. Wir sollen keine Smartphones mehr benutzen, nicht bevor wir das Buch dreimal durchgelesen und verstanden haben, danach sind sie erlaubt, keine

Computerspiele, kein Internet, sonst erwarten uns Strafen. Wir sollen keine Krimis, keine Horror-, Science-Fiction- und Actionfilme angucken. Wir sollen kein Gold und Silber mehr kaufen und verkaufen, es soll wertlos sein, unser Gott will das und er wird das erreichen, so oder so, sonst folgen harte Strafen. Im Paradies brauchen wir kein Gold oder Silber, im Paradies ist alles umsonst. Wir sollen die Menschen nackt begraben, ohne Särge, ohne Grabstein. Die Priester sollen nach Hause gehen, Monarchen sollen abtreten, genauso wie Diktatoren. Wir sollen auch nicht mehr ins All fliegen, es gibt dort nichts für uns zu holen. Wie sollen wir Luft erzeugen im Weltall? Wir sollen unnötiges Autofahren vermeiden, genauso wie unnötiges Fliegen, wenn wir überleben wollen. Gott erlaubt keine Auslandsurlaube, erlaubt sind nur Urlaube im Inland. Wir sollen kein neues Auto mehr kaufen wegen der Umwelt und dem Jüngsten Gericht. Erlaubt sind neue Fahrzeuge, wenn keine andere Wahl besteht, jedoch nur Diesel, weil es immer noch der beste Verbrennungsmotor ist. Nur Hubraum, kleine Maschinen, nur weiße Autos, denn weiß ist die billigste Farbe, und es ist auch Gottes Farbe, weil es rein ist. Wir sollen keine SUVs, keine Luxusautos, keine Sportautos, keine Cabrios, keine Motorräder und Scooter mehr kaufen und auch nicht mehr fahren wegen der Verletzungsgefahr, sonst treffen uns Gottes Strafen. Wir sollen keine Geländefahrzeuge kaufen und auch nicht mehr im Gelände fahren wegen der Umwelt, sonst folgen Strafen. Bei neuen Fahrzeugen sollen wir keine unnötigen Extras kaufen, keine Alufelgen, keine Klimaanlagen, keine elektrischen Fensterheber, keine Lederausstattung, denn unser Gott liebt die Einfachheit. Keine Elektroautos, keine Elektroscooter und -roller, keine Elektrofahrräder. Wir haben laut Google nur noch für 50 Jahre Erdöl.

GOTTES STRAFEN

Gottes Strafen sind folgende: Erlebte Schmerzen noch einmal erleben, Schwindelgefühl, Durchfälle ohne erkennbare Ursache, ohne Grund zu Pinkeln, Zähneknirschen, sich in die Zunge beißen, Jucken an den Schienbeinen und Kratzen bis zum Bluten, Zittern ohne Grund.

DAS JÜNGSTE GERICHT AUF ERDEN ZU LEBZEITEN

Alles, was unrein ist, wird sterben: Kühe, Schweine, Hühner, Hunde, Katzen, alle unsere Haustiere sterben durch Austrocknen, damit es nicht stinkt.

Genauso wie der Mensch, der unrein ist, auch er wird sterben durch Austrocknung. Jeder muss versuchen, sich zu reinigen, jede Lüge muss aufgedeckt werden. Da, wo er gelogen hat, muss er jetzt die Wahrheit sagen, sonst stirbt er, genauso wie Mörder, Vergewaltiger, Inzesttreiber. Wer nicht lesen kann und keinen Zugang zum Buch hat, wird so im Paradies ankommen. Wer sich nicht im Paradies benehmen kann, wird sterben durch Austrocknen, damit es nicht stinkt.

PARADIES NACH UNSERM GOTT

Es wird warm genug sein bei Tag und Nacht, damit wir keine Häuser bauen müssen, wir werden überall schlafen, wo es bequem ist, also brauchen wir keine Betten. Wir werden genug zu essen haben, nur Obst und Nüsse, und genug zu trinken, nur sauberes Wasser. Wir werden nie Langeweile haben, obwohl es keine Fernseher gibt, wir werden genug Abwechslung haben. Wir werden nie wieder arbeiten müssen, weil es keine Arbeit gibt. Wir werden eine gemeinsame Sprache sprechen, damit keine Unterschiede entstehen und wir werden uns duzen, und es wird keine Könige geben. Es wird keine Kriege geben, es gibt dann nichts, wofür es sich lohnt, einen Krieg zu führen. Es wird keine Grenzen geben, keine Grundstücke und Zäune. Wir werden den besten Arzt haben, nämlich Gott persönlich, und die beste Apotheke, unsere Mutter Natur.

Es wird nur angenehme Tiere geben, keine Schlangen, Ameisen, Skorpione, keine gefährlichen Tiere.

Derjenige, dem das Paradies nicht gefällt, der hat einfach Pech gehabt. Es gibt keine anderen Optionen – entweder oder.

MEINE BEGEGNUNG MIT DEM TEUFEL UND SEINEN SATANISCHEN TRICKS

Es war 2014, ich war 44 Jahre alt und lebte in einem kleinen Dorf in der Nähe von Danzig in Polen. Ich wohnte in einem großen Haus von 160 Quadratmetern zur Miete und war gerade dabei, mich von meiner langjährigen Freundin zu trennen, mit ihr hatte ich 12 gemeinsame Jahre verbracht. Eines schönen Tages bin ich spazieren gegangen in der Nähe vom Haus, die Gegend war sehr schön, auf dem Rückweg ging es leicht bergab und ich bin gleichmäßigen Schrittes gegangen. Auf einmal sagte eine Stimme, dass ich fliegen kann und ich hatte das Gefühl, dass ich abhebe. Ich bin aus dem gleichmäßigen Schritt rausgekommen. Zu Hause angekommen habe ich mich gewundert, was passiert war. Danach hatte ich Spinnweben in den Augen, obwohl keine Spinnen in der Nähe waren, das war alles sehr verwunderlich. Nach langer Abwesenheit ist meine Freundin gekommen, wir haben etwas gemeinsam gegessen und dann haben wir gemeinsam geduscht und uns danach geliebt, stundenlang, bis wir nicht mehr konnten. Das war das letzte Mal, dass wir uns geliebt haben, zum Schluss habe ich sie Schlampe genannt, sie sollte mein Sperma schlucken – das hat der Teufel zu mir gesagt –, was sie auch gemacht hat, danach haben wir noch gekuschelt und dann sind wir eingeschlafen. Morgens ist sie abgefahren und wir haben uns nie wieder gesehen. Ein paar Tage später musste ich zur Firma fahren, wo unser Projekt gemacht worden ist, ein Campinganhänger. Ich bin auch gefahren, ich habe mich in der Firma umgeschaut und dann hatte ich ein Blackout, ich konnte mich an nichts erinnern. Dann habe ich gefragt, was passiert ist, doch der Chef meinte nur, dass wir uns mit übernatürlichen Sachen nicht beschäftigen. Am Morgen bin ich zu meinem Onkel und meinem Opa gegangen, um ein bisschen ins Internet zu gucken.

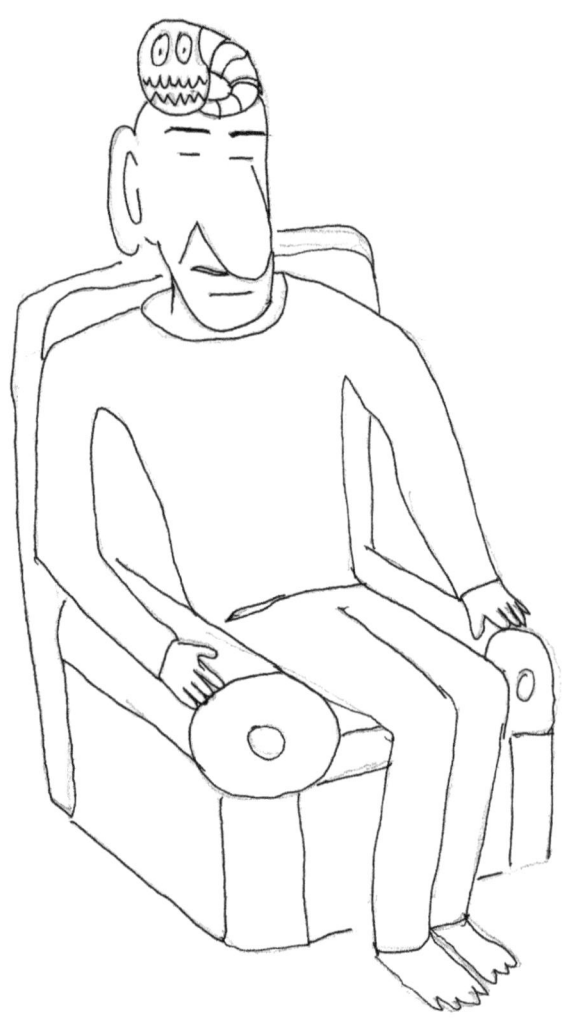

Opa hat wie immer auf seinem Sessel gesessen, ich habe auf seinen Kopf geschaut und habe einen großen weißen Wurm entdeckt, ich habe mich erschrocken und danach hatte ich ein Blackout. Ich weiß noch, wie mir mein Onkel meine Schuhe und meine Jacke weggenommen hat, dann bin ich gerannt, nur in Socken,

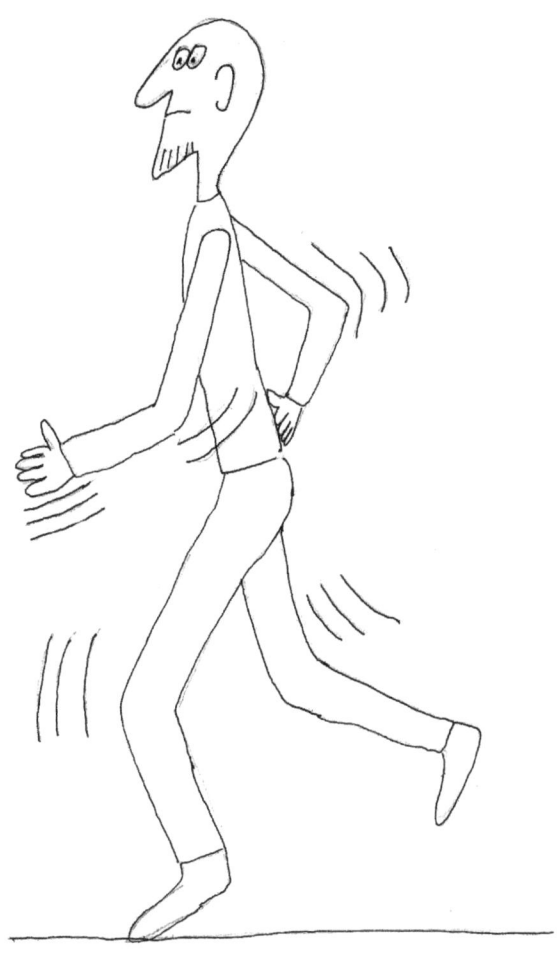

ungefähr 1 km. Ich dachte, ich hätte meinen Opa umgebracht. Dann bin ich zurückgekehrt und mein Onkel hat mir meine Schuhe und Jacke gegeben und den Krankenwagen angerufen, die sind auch gekommen und wollten mich unbedingt mitnehmen. Ich habe nur gesagt, dass ich mich besser fühle, da sind sie wieder abgefahren. Am nächsten Morgen hat mich die Stimme zum Fluss geführt, der 2 km entfernt war. In der Nähe vom Wasserfall sollte ich meine Schuhe und das Handy ins Wasser werfen, was ich auch gemacht habe. Dann, ein paar Meter weiter vor dem Wasserfall,

habe ich einen Galgen gesehen, der im Wasser stand. Ich sollte mich nackt ausziehen und dann ins Wasser reinspringen, ich hab mich nackt ausgezogen, dann stand ich ein paar Minuten am Ufer, bevor ich reingesprungen bin ins kalte Wasser, es war März, und ich habe mich dabei am Bein gestoßen. Als ich aus dem Wasser rausgekommen bin, war der Galgen weg, ich musste barfuß 2 km Schotterweg zu Fuß laufen. Am nächsten Morgen wollte ich mir Zigaretten holen. Ich bin 30 Meter gelaufen, bis ich auf einmal ein Erdbeben unter meinen Füßen gespürt habe, nur unter meinen Füßen, sodass ich nicht weiter laufen konnte, also bin ich umgekehrt.

Ich habe Blut gesehen auf dem Boden, ich dachte, es stamme von meiner Hündin, ich dachte, sie kann trächtig werden. Daraufhin habe ich meine Schuhe und Jacke angezogen und bin mit meinem Hund rausgegangen. Ich bin Richtung Grundstück gegangen, unterwegs habe ich eine nette Nachbarin getroffen und habe sie nach einem passenden Hund für meine Hündin gefragt.

Sie hatte keine Ahnung, daraufhin habe ich mich bedankt und bin weitergegangen. Am Grundstück von meinem Nachbarn angekommen habe ich diesen gefragt, ob sein Hund sich nicht mit meiner Hündin vermehren will und er war einverstanden. Hat seinen Hund aus dem Zwinger rausgeholt und vor das Grundstück auf den Feldweg zu meiner Hündin gebracht, aber der Rüde war direkt aggressiv, die haben sich nicht beschnuppert.

Darauf habe ich den Rüden am Nacken gepackt und mit einer Hand hochgehoben und dann hat mein Nachbar den Hund übernommen und ich habe erzählt vom Ende der Welt, der Himmel war rötlich und ich hatte Todesängste. Daraufhin haben sich die Nachbarn versammelt, ich habe meinen Hund auf die Nase geküsst, dann haben sie mich auf die Erde gelegt und festgehalten, jemand kniete auf meiner Brust und mein Onkel hat den Krankenwagen angerufen. Nach 20 Minuten war der Krankenwagen da, sie haben mich ins Auto gebeten, ich musste mich hinsetzen, sie haben mich angeschnallt und dann ging die Fahrt los. Angehalten hat der Krankenwagen im nächsten Dorf, weil Satan es so wollte. Bei der Polizeistation ging die Tür auf, ich habe mich umgedreht und sah ein ähnliches Auto wie das von meiner Ex. Darauf fragte jemand, ob ich das Auto gestohlen hätte, ich habe gesagt „Das auch noch!", und bin ganz schwach geworden und fast vom Sessel gefallen, daraufhin haben sie mich auf die Liege gelegt und die Fahrt ging weiter. Ich wurde immer schwächer und schwächer, habe bemerkt, dass sie meinen Oberkörper freigemacht haben, dann haben sie mit der elektrischen Herzmassage angefangen und ich habe das Bewusstsein verloren.

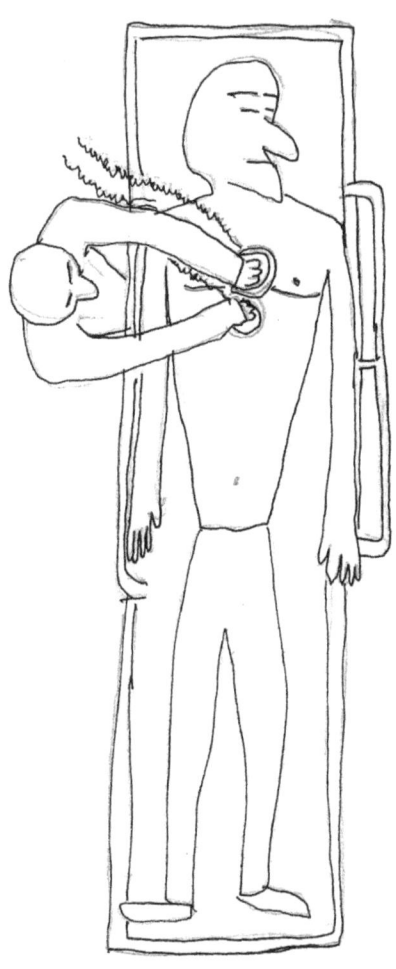

Das Nächste, woran ich mich erinnern kann, ist der Gestank vom Raucherraum in dem Krankenhaus, in dem ich gelandet bin. Als Nächstes bin ich kurz wach geworden, als eine hübsche junge Ärztin mich besucht hat, dann habe ich gesagt, die große Liebe kommt im Frühling. Ich lag gefesselt auf dem Bett, dann habe ich das Bewusstsein verloren. Das Nächste, was passiert ist, ich bin wach geworden und ich hatte Schmerzen. Ich musste unbedingt pinkeln, doch ich konnte nicht, ich war angeschlossen an einen Behälter, der schon voll war.

Ich habe geschrien, nur leider kam mir keiner zur Hilfe, der Druck und die Schmerzen waren unvorstellbar.

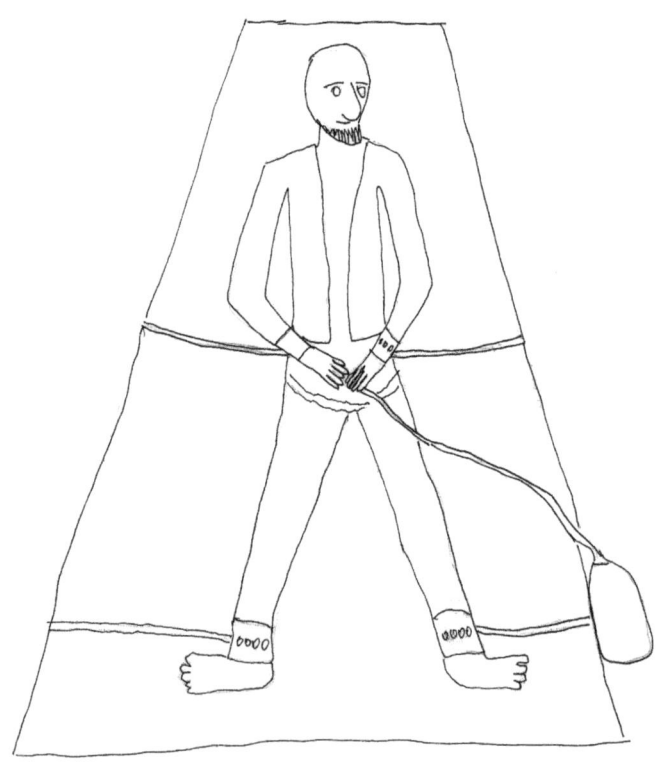

Trotzdem ich gefesselt war, konnte ich meinen Penis greifen und habe mir den Schlauch ganz langsam rausgezogen unter unerträglichen Schmerzen, es waren die schlimmsten Schmerzen, die ich je erlebt habe, dabei habe ich mir den Penis verletzt. Danach musste ich von der Psychiatrie in das normale Krankenhaus gefahren werden zu Untersuchung von meinem Penis, zum Glück hat der Arzt nichts festgestellt außer einer Blutung. Danach haben sie mich in der Psychiatrie noch fester niedergebunden, sodass ich mich gar nicht bewegen konnte, das war die Strafe dafür, dass die nicht aufgepasst hatten und den Beutel nicht entleert hatten. So habe ich ein paar Tage gefesselt verbracht, bis meine Mutter aufgetaucht ist. Dann haben sie mich von den Fesseln befreit und ich konnte duschen gehen und meinen Pyjama und meine Latschen abgeben. Nach ausgiebigem Duschen habe ich die Abteilung besichtigt, es waren drei große Gänge und viele Zimmer voll mit komischen Leuten wie mir. Danach habe ich ein Zimmer zugewiesen bekommen mit netten Nachbarn. So sind ein paar Tage verlaufen, nach der Tabletteneinnahme regelmäßiges Essen und regelmäßig rauchen. Bis ich zu einem Gespräch gebeten wurde von der jungen Ärztin, die auch noch so hübsch war. Ich habe mich vor ihr hingesetzt und in ihre braunen Augen geschaut und sie hat Angst gekriegt, ihr rechtes Bein war voll am Zittern, da war das Gespräch auch vorbei.

Wovor sie so viel Angst gekriegt hat, weiß ich bis heute nicht, am nächsten Tag habe ich sie auf dem Gang getroffen, sie hat sich vor mir geduckt und ist weitergegangen.

Weitere Tage verliefen wie bisher, nach der Tabletteneinnahme regelmäßig essen und regelmäßig rauchen, bis ich auf einmal ein hübsches Mädchen entdeckt habe mit braunen Haaren und Naturlocken, ich war hin und weg. Ich habe sie zum ersten Mal im Waschraum gesehen und direkt angesprochen auf ihr Haar, sie hat gelacht und ist weitergegangen. Ich habe sie noch mehrmals angesprochen in den folgenden Tagen, bis ich sie für mich gewinnen konnte.

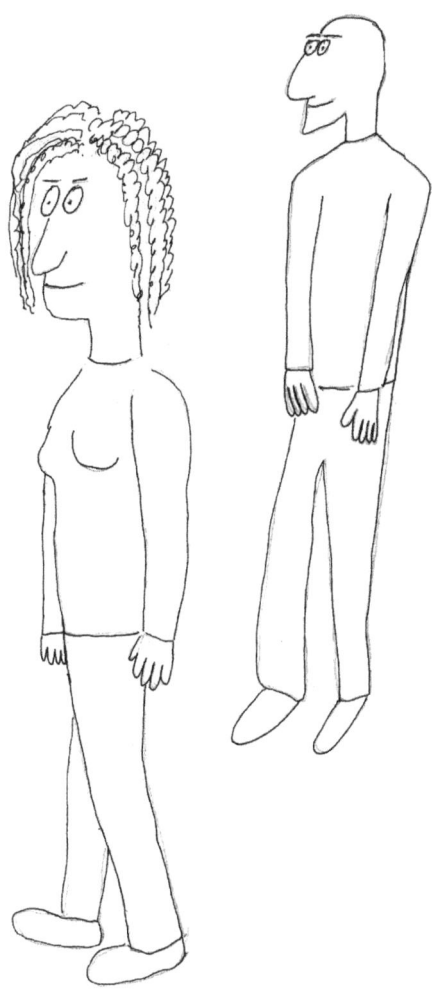

Sie war 20 Jahre jung und hübsch, ich war bereits 44 Jahre alt, die folgenden Tage waren nicht mehr so langweilig, wir haben uns heimlich abends getroffen und geküsst.

    So sind die Tage verlaufen bis zur Entlassung. Auf dem Entlassungsbrief stand, dass ich an Schizophrenie erkrankt war. Zu Hause angekommen war ich ganz allein ohne meinen geliebten Hund, meine Ex hatte ihn mitgenommen.

Meine neue Bekanntschaft aus dem Krankenhaus hat sich gemeldet, sie hatte frei bekommen und durfte nach Hause übers Wochenende. Ich durfte sie zu Hause besuchen, ich hab mir ein Auto ausgeliehen und bin hingefahren. Ich habe sie zu Hause abgeholt, dann sind wir zu ihrer Mutter gefahren. Sie wohnte auf einem Grundstück außerhalb der Stadt. Wir haben etwas gegessen, die Mutter war genau so alt wie ich, dann sind wir zum See gefahren, um ein bisschen spazieren zu gehen, später sind wir zu mir nach Hause gefahren. Unterwegs haben wir noch vier Flaschen Bier besorgt, zu Hause haben wir die getrunken und dann haben wir Sex gehabt. Am nächsten Tag habe ich sie ins Krankenhaus gefahren, kurz bevor wir angekommen sind, ist sie ohnmächtig geworden und es hat ein bisschen gedauert, bis sie wach geworden ist. Wir haben uns herzlich verabschiedet, dann bin ich nach Hause gefahren. Nach ein paar Tagen ist sie entlassen worden, doch statt zu Hause zu bleiben, ist sie zu mir abgehauen. Sie kam ganz überraschend eines Abends, wurde von Freunden gefahren. So war das nicht abgesprochen, sie hatte Stress mit ihren Eltern, dann ist sie bei mir geblieben. Die Zeit mit ihr ist nicht harmonisch verlaufen, sie hat nichts zu Hause gemacht, hat nur gefaulenzt, am Wochenende ist sie weggefahren zum Feiern, danach hat sich rausgestellt, dass sie mich betrogen hat, da habe ich sie vor die Tür gesetzt. Ich musste umziehen, die 160 Quadratmeter waren zu viel für mich alleine und zu teuer, daraufhin bin ich in die Wohnung meiner Tante gezogen, diese war in desolatem Zustand, dafür aber billig. Ich bin jeden Tag zur Arbeit gefahren, obwohl es mir nicht gut ging, doch ich musste Geld verdienen.

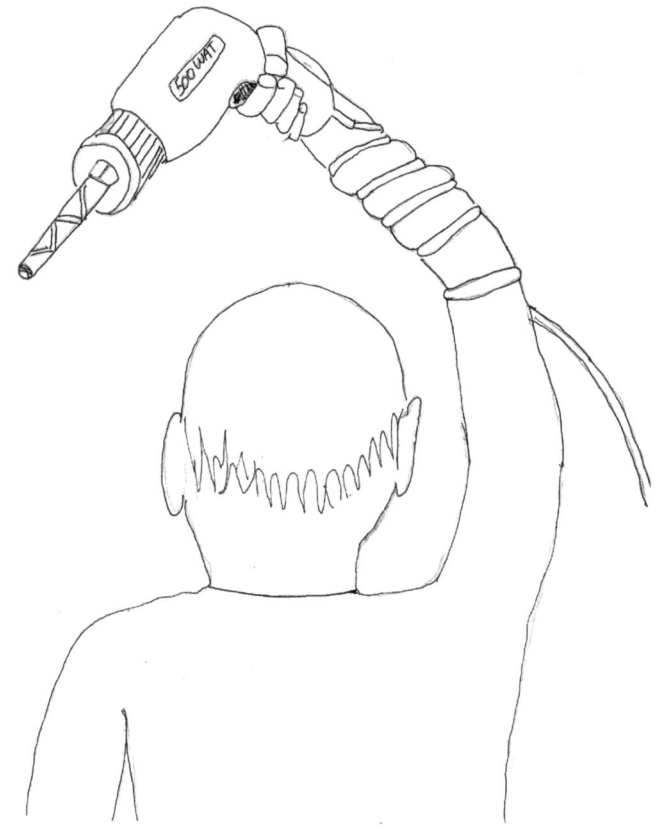

Eines Tages in der Arbeit musste ich Löcher bohren mit einer Handbohrmaschine, die 500 Watt hatte. Ein paar habe ich gebohrt, bis sich auf einmal der Bohrer verklemmte, und dann passierte etwas Unglaubliches: Das Kabel hat sich um meinen Arm herumgewickelt und ich habe mir fast das Auge durchbohrt, bis auf einmal die Handbohrmaschine stehen geblieben ist, ich hatte Todesängste! Der Mann, der die Handbohrmaschine repariert hat, hat festgestellt, dass das Kabel innen glatt durchgeschnitten war, danach hatte ich Angst vor elektrischen Werkzeugen. Eines Tages hat mich meine Schwester angerufen und gefragt, ob ich ihren alten Audi für 1000 Euro haben will, ich habe zugestimmt, denn ohne Auto war es schwer. Ich musste nach Deutschland fahren, um das Auto abzuholen, was ich auch gemacht habe. In Polen angekommen habe ich das Auto sofort umgemeldet, ich habe mir Arbeit in Zwickau organisiert, habe meine Klamotten gepackt und bin nach Zwickau gefahren. Dort lief erstmals alles gut, ich habe die Arbeit bekommen und bin in einem kleinen Hotel untergekommen, gearbeitet habe ich am Aufbau von Feuerwehrautos. Ich habe die Arbeit gemocht, leider hat mir Satan keine Ruhe gegeben, ich habe mich so schlecht gefühlt, dass ich einen Tag unentschuldigt im Hotel geblieben bin, daraufhin haben sie mich entlassen. Die nächste Arbeit habe ich in der Nähe bekommen, das waren Aufbauten von LKW, die Arbeit habe ich nicht gemocht, denn sie war anstrengend. Einmal, als ich ins Geschäft ging, habe ich meinen Atem nicht gespürt und das für ein paar Minuten. Ich war wieder überrascht von Satans Spielchen. Ein anderes Mal hatte ich Spätschicht, ich lag noch im Bett, als etwas mein nacktes Bein was berührt hat, es war niemand im Zimmer außer mir und ich habe mich erschrocken. Ich habe mein Bein direkt unter die Decke gelegt, wieder eines von Satans Spielchen. Die Arbeit habe ich nicht lange gehabt, ich habe mich immer schlechter gefühlt, habe krankgefeiert, bis sie mich entlassen haben.

Ich habe damals im Sommer 2021 zum zweiten Mal in Folge meinen Campingurlaub alleine in Masuren in Polen gemacht. Und es war Zeit, nach vier Wochen abzureisen, dann habe ich eine Stimme gehört, das war ein paar Tage vor der Abreise, ich sollte mein Auto waschen mit kaltem Wasser und Spülmittel. Es ging glatt und die Alu-Räder, die eingebrannten Bremsdreck hatten, habe ich mit einem Putzlappen und Spülmittel auch sauber gekriegt, bis auf eine! Daraufhin war meine einzige Bitte an die Stimme jene um saubere Zehen.

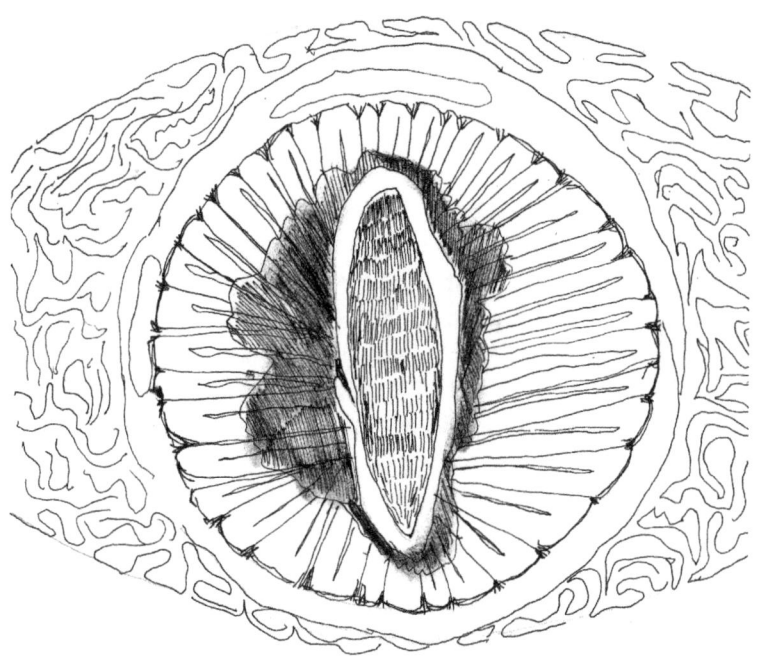

Am nächsten Morgen wollte ich Zigaretten holen, dann habe ich ein großes, böses Auge am Himmel gesehen, daraufhin habe ich mich so erschrocken, dass ich mich nicht getraut habe, aus meinem Wohnwagen herauszukommen. Am nächsten Tag, vor meiner Abfahrt nach Hause, war bei einem Spaziergang meine Überraschung groß. Ich habe Spuren auf dem Schotterweg gesehen von meinen Schuhen, obwohl ich sie den ganzen Urlaub über nicht getragen habe, ich bin meistens barfuß gelaufen. Dann kam der Tag der Abfahrt, ich habe mich in mein Auto gesetzt und bin losgefahren, nach ungefähr 90 km sagte mir die Stimme, dass ich barfuß fahren soll, das habe ich auch gemacht, aber es ging nicht lange gut, nach ein paar km musste ich die Schuhe wieder anziehen, denn die Pedale waren zu hart und ich wurde immer müder. Nach 150 km war ich so müde, dass ich nicht weiterfahren konnte. Dazu sah ich, dass der Himmel so rot war, als würde die Erde brennen. Ich habe mich so erschrocken, dann sagte die Stimme, dass ich umkehren soll. Das habe ich mit Erleichterung gemacht. Auf dem Rückweg, auf der Hälfte der Strecke, sollte ich auf dem Parkplatz anhalten und mich auf der Wiese hinlegen, in Richtung der Sonne. Das habe ich auch gemacht und ich spürte, wie meine Lebensenergie entwich, bis ich auf einmal Motorgeräusche von vorbeifahrenden Autos hörte und dann war der Spuk auch vorbei. Die weitere Fahrt zurück auf den Campingplatz verlief ohne Zwischenfälle. Angekommen auf dem Platz habe ich die Besitzerin gefragt, ob ich übernachten kann. Der Campingwagen war noch frei und die Besitzerin hat zugestimmt. Ich musste mich erst mal erholen nach dem, was ich erlebt hatte. Das habe ich auch gemacht, ich bin früher ins Bett gegangen als sonst. Am nächsten Morgen bin ich aufgestanden und habe mir Kaffee gemacht. Es war eine große Überraschung, als ich einen Schluck davon nahm, der Kaffee hat nach Wein geschmeckt. Danach habe ich den Rest ausgeschüttet und dann habe ich mich wieder auf den Heimweg gemacht. Nach 2 km Schotterweg habe ich festgestellt, dass ich Schmerzen hatte, in der Wirbelsäule und in den Beinen. Die Stimme sagte, dass ich umdrehen sollte, und das habe ich auch gemacht und wieder bin ich auf dem Campingplatz gelandet. Die Besitzerin war verblüfft, dass ich nicht wegfahren konnte. Ich habe ihr erklärt, dass ich Schmerzen hatte und ich konnte noch bleiben. Ich habe mich kurz erholt, dann sagte die Stimme, dass ich zum See gehen sollte und das habe ich auch gemacht, es waren nur 200 m. Ich bin wie immer barfuß gelaufen, am See angekommen sollte ich mich knöcheltief im Wasser breitbeinig hinstellen und ich musste mich Gymnastik unterziehen, die Arme ganz langsam hoch und runter unter Schmerzen, ich wollte aus dem Wasser raus, was ich auch gemacht habe, aber als die Schmerzen dann umso größer waren, bin ich schnell ins Wasser und habe die Übung von vorn gemacht, das habe ich ein paarmal gemacht, nach ungefähr einer Stunde war es vorbei und ich konnte wieder normal laufen ohne Schmerzen. Ich war hörig und hatte keine andere Wahl, die Stimme sagte, dass ich mich nackt ausziehen soll, es war außer mir keiner am Strand, es war noch morgens.

Die nächste Aufgabe, die ich bewältigen sollte, war zum Pfahl zu schwimmen, der schräg im Wasser stand, das waren ungefähr 100 m. Ich bin geschwommen und am Pfahl angekommen, da sagte die Stimme, dass ich untertauchen sollte und eine Luke aufmachen sollte, aber zuerst musste ich zu zwei Rohren schwimmen, die 50 m vom Ufer entfernt waren. Da angekommen stand ich bis zur Brust im Wasser, die zwei Rohre waren im Grund verankert, das eine Rohr war oben gebogen, wenn man an dem gebogenen Rohr drehte, haben sich die Rohre berührt. Ich musste an dem gebogenen drehen, bis sich die beiden Rohre berührten, und es entstand ein metallischer Klang, und dann musste ich laut rufen „Satan, komm!", und das dreimal. Dann sollte Satan kommen, so sagte die Stimme, ich sollte zum Pfeil schwimmen. Ich hatte Todesängste, trotzdem habe ich es gemacht, dreimal gedreht und dreimal gerufen, dann bin ich so schnell geschwommen, wie ich konnte. Am Pfeil angekommen habe ich kurz Luft geholt und bin abgetaucht, es waren ungefähr zwei Meter, das Wasser war nicht klar. Ich habe den Grund abgetastet, aber nichts gefunden, und als ich zweimal aufgetaucht war, war die Angst vor Satan verflogen. Ich bin zu den zwei Rohren geschwommen und habe sie rausgeholt und versenkt. Das Nächste, was ich machen sollte, war, zu dem alten Steg zu gehen, dort habe ich einen alten Draht gefunden. Ich sollte mir die Goldkrone aus dem Mund reißen, das war die Strafe für das ganze Gold der Welt, so sagte die Stimme. Ich habe den Draht durch die Luke durchgezogen und daran gezogen, so kräftig, wie ich nur konnte, ohne Ergebnis – die Krone ist heil geblieben, zum Glück. Als Nächstes habe ich einen alten rostigen Nagel aus dem Steg rausgeholt und ich musste ihn mir in den Arm stechen, bis ein Loch entstand. Es hat geblutet, ich habe das Blut geleckt und es hat eisig geschmeckt, das war die Strafe für alle Blutuntersuchungen, sagte die Stimme. Danach sollte ich im seichten Wasser den Grund untersuchen und habe zwei Steine gefunden, einen ovalen, kleinen und einen runden, größeren – damit musste ich mir den kaputten Backenzahn heraushauen, das war die Strafe für falsche Ernährung, so sagte die Stimme. Das habe ich auch gemacht, ich habe den kleinen Stein an meinem Zahn festgehalten und mit dem großen gehauen, die Schmerzen waren unerträglich, ich habe von Mal zu Mal immer fester geschlagen, viermal, bis auf dem Steg ein Mensch aufgetaucht ist, der mich angeguckt hat, er wollte nicht glauben, was ich veranstaltet habe, ich habe noch mal zugeschlagen. Er hat mit mir geschimpft und seine Frau, die auf einer Bank saß, war am Telefonieren. Daraufhin sagte die Stimme, dass ich den alten Draht mitnehmen soll und zu der kleinen Brücke schwimmen, dort sollte ich mich an der goldenen Krone aufhängen, damit ich sie ausreiße. Ich hatte einen Kilometer zu schwimmen, ungefähr nach 2/3 der Strecke hat mich ein Gummirettungsboot eingeholt und die haben mich gerettet. An Land angekommen stand schon ein Rettungswagen bereit, die haben mich untersucht und nichts festgestellt. Ich habe mich bedankt und gesagt „Ich liebe euch!" und losgelassen und mein Backenzahn ist zum Glück heil geblieben. Dann bin ich auf meinen Campingplatz gegangen und habe mich erholt, nach einer Stunde habe ich wieder die Stimme gehört, die sagte, dass ich zum Waschbecken gehen soll. Das habe ich auch gemacht, ich hatte keine andere Wahl, dann habe ich mir mein angebrochen Zahn angeguckt, der zum

Glück heil geblieben ist. Dann sagte die Stimme, dass Satan in mir ist, und ich sollte Spülmittel trinken, damit ich ihn loswerde. Das habe ich auch gemacht, es stand eine halbe Flasche am Becken, die habe ich auch getrunken, die Hälfte pur und die andere Hälfte verdünnt mit Wasser, weil ich nicht mehr konnte, es ist nichts passiert. Wie ich später erfahren habe, sollte ich das Spülmittel trinken, um zu beweisen, dass es unbedenklich für uns und unsere Umwelt ist. Als Nächstes sollte ich mir die Augenbrauen abrasieren, so sagte die Stimme, denn Satan wäre in meinen Haaren. Das habe ich auch gemacht, danach musste ich mir die Haare von den Armen rasieren, das hat zum Glück nicht mehr geklappt, der Rasierer war so verstopft, dass es nicht mehr weiter ging. Weiter hat mich die Stimme gelockt auf den Schotterweg vor dem Campingplatz, es war heiß und ich sollte mich auf dem Stein hinsetzen, der neben der Straße stand, der Stein war heiß aufgewärmt durch die Sonne, ich musste den Satan austrocknen lassen, was ich auch gemacht habe, nach stundenlangem herumsitzen auf dem Stein hat die Stimme gesagt, dass Satan jetzt im Strom ist, ich sollte mich fern von Stromleitungen halten, also habe ich die Straße und den Stein verlassen Richtung Wiese.

Durch die Wiese bin ich gegangen, in Richtung des zugewachsenen Kartoffelfeldes und das barfuß, das habe ich auch überquert, dann bin ich an einem alten, unbenutzten Campingwagen gelandet. Dort sollte ich mich hinsetzen und in die untergehende Sonne schauen. Dann sagte die Stimme, dass Satan in mir ist, ich sollte ihn wegblitzen mit den Augen Richtung untergehende Sonne. Die Sonne ist untergegangen, dann durfte ich mich zum Schlafen hinlegen in meinem Wohnwagen, die Stimme sagte, dass ich mir eine Kerze in den After einführen soll. Die Kerze hatte die Form einer Pyramide, ich habe mir die Spitze eingeführt und das war unangenehm, das habe ich sein gelassen. Das war die Strafe für allen Analverkehr. Dann durfte ich schlafen, am nächsten Morgen sollte ich ohne zu frühstücken zum See gehen, aber nicht an den Strand, sondern an einen alten, mit Schilf zugewachsenen Steg. Dort musste ich mich nackt ausziehen und die Kleidung verstecken, was ich auch gemacht habe, unter dem alten Steg. Vom Steg bin ich runter ins morastige Wasser, bis zum Bauch im Wasser sollte ich zum offenen Wasser durchdringen, das waren nur ein paar Meter, aber durch das Schilf war das fast unmöglich, ich musste kriechen wie ein Frosch. Das harte Schilf hat sich reingebohrt in meine Haut, es war mühsam, aber ich habe es geschafft.

Im offenen Wasser sah ich Wasserlilien, ich sollte eine essen, was ich auch gemacht habe. Die haben nach nichts geschmeckt, ich habe eine gegessen und dann habe ich es sein gelassen. Danach musste ich auf die andere Seite vom See schwimmen, Brustschwimmen und Rückenschwimmen, das hat mich viel Zeit und Kraft gekostet und ich musste abwarten, bis die Nacht kam, ohne rauszukommen aus dem Wasser, aber es war mir nicht kalt. Nachts sollte ich schwimmen von der Mitte des Sees und habe ich mich umgedreht, sodass ich die Sterne sehen konnte, das Wasser war ganz still, der Mond hat geschienen und ich sollte mich nicht bewegen.

Die Stimme sagte, dass ich auseinanderfalle und meine Seele käme in den Himmel, so habe ich ein paar Stunden verbracht, die Sterne haben geblinkt und ich dachte, dass mein Körper auseinanderfällt. Nach ein paar Stunden war der Spuk vorbei und ich konnte mich umdrehen und zur Insel schwimmen. An der Insel angekommen wollte ich unbedingt an Land, das habe ich auch fast geschafft, aber dann sagte die Stimme, dass ich umdrehen und wieder ins Wasser gehen soll. In der Nähe der Insel durfte ich mich erholen, bis der Tag erwacht ist. Dann musste ich dreimal den See durchschwimmen und ich musste mich verstecken vor Teufelskindern, vor denen, die mich eigentlich retten wollten, die haben Runden gedreht mit ihrem Gummiboot, ich habe mich versteckt im Schilf. Jedes Mal, wenn das Boot durchgeschwommen ist, habe ich Todesängste verspürt. So habe ich den Tag verbracht bis zum Abend, dann hat sich das Wetter gewendet, starker Wind ist aufgetreten, die Wellen wurden immer größer und dann habe ich mich im Schilf versteckt.

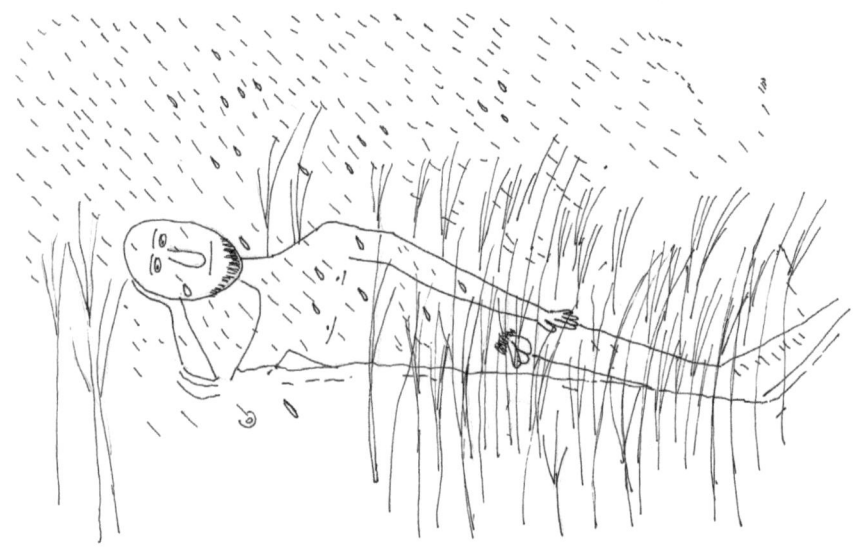

Gewitter ist aufgekommen, ich saß ganz alleine und nackt in dem Schilf, es wurde immer dunkler, bis ich müde geworden bin. Ich habe mich auf die Seite gelegt und meinen Kopf habe ich auf den Ellbogen gestützt. So bin ich eingeschlafen, aber immer wieder wach geworden, so habe ich die Nacht überstanden und das Gewitter, die ganze Nacht war mir nicht kalt. Am nächsten Morgen hat wieder die Sonne geschienen und ich sollte wieder schwimmen. Ich bin aus dem Schilf rausgekommen, dann habe ich ein Fischerboot gesehen. Der Fischer hat mich auch gesehen, unter den Füßen habe ich eine feste Struktur gespürt, die Stimme hat erzählt, dass da ein Raumschiff ist, dass ich abgeholt werde. Ich sollte mich verabschieden von meiner Familie, dann habe ich Motorgeräusche gehört und ich habe mich im Schilf versteckt, an der gleichen Stelle, wo ich übernachtet habe. Zu meiner Überraschung war das Wasser 30 cm tiefer, Fische sind erschienen und verschwunden und Motorgeräusche kamen immer näher, ich hatte wieder Angst, dass sie mich entdecken, bis auf einmal das Rettungsboot ins Schilf reingeschwommen ist und ich war nach 48 Stunden im Wasser gerettet. Auf dem Land angekommen habe ich zuerst eine Unterhose gekriegt, danach ab ins Krankenhaus, dort haben sie alle Untersuchungen gemacht und nichts festgestellt bis auf die Verletzungen, die ich vom Schilf davongetragen habe.

Am nächsten Tag wurde ich freigelassen, meine Schwester und Mutter haben mich abgeholt und ab nach Hause, ich habe ausgesehen, ohne Augenbrauen, denn die habe ich mir abrasiert.

Das war meine Taufe für den Antichristen, so sagte die Stimme.

Meine zweite Begegnung mit der Stimme war im April 2022. Sie hat mich eingeladen zu einem Spaziergang im Zentrum der Stadt. Ich bin mit dem Auto dahin gefahren, das habe ich auf einem bezahlten Parkplatz abgestellt, ich habe das Auto nicht abgeschlossen. Unnötiges habe ich im Kofferraum verstaut, wie mein Handy und den Hausschlüssel, so sagte es mir die Stimme. Dann bin ich losgelaufen, es war schon Abend, die Dämmerung setzte ein. Die Stimme hat mich geführt, erst mal bin ich durch einen bekannten Stadtteil gegangen, der Weg sollte ins Paradies führen, so sagte die Stimme. Dann hat mich die Stimme durch einen unbekannten Stadtteil geführt, das war für mich wie ein Labyrinth, aus dem es kein Herauskommen gab. Ich bin die ganze Nacht gegangen bei Regen, die Stimme hat mich geführt. Bis ich morgens an der Tankstelle angekommen bin. Ich bin reingekommen und habe mir ein Wasser geholt, ohne zu bezahlen und habe was davon getrunken. Dann ist die Polizei gekommen und hat mich angewiesen, das Wasser zu bezahlen, was ich auch gemacht habe. Daraufhin habe ich Hausverbot gekriegt und ich habe mich so gefreut auf einen warmen Platz. Darauf bin ich weiter gegangen, bis ich nach 200 Metern eine zweite Tankstelle entdeckt habe, leider hatten die nur einen Nachtschalter, dort habe ich mich versorgt mit Café Latte und einem Brötchen mit Thunfisch, nach einer halben Stunde bin ich weiter gegangen. Dann habe ich erkannt, wo ich war, ich wusste, wie ich weitergehen soll zum Bahnhof. Am Bahnhof angekommen wollte ich zum Auto, dann sagte die Stimme, dass ich zu Fuß nach Hause laufen sollte. Das habe ich auch gemacht, ich bin noch sechs km gegangen, statt nach Hause musste ich zu meiner Schwester gehen. Dort angekommen habe ich geklingelt, auf dem Flur musste ich mich nackt ausziehen, was ich auch gemacht habe, ich sollte Mut beweisen, so sagte die Stimme. Mein Schwager hat die Tür aufgemacht und ich musste ins Bad, dort habe ich mich wieder angezogen, dafür musste ich für 15 Tage in die Psychiatrie und das Auto stand die ganze Zeit auf dem kostenpflichtigen Parkplatz. Ich musste noch 60 Euro bezahlen für den Parkplatz.

MEINE PERSÖNLICHEN STRAFEN

Ich hatte oft Durchfall, habe mich ein paar Mal in die Zunge gebissen, spürte ein Jucken an den Schienbeinen und kratzte mich bis aufs Blut, und hatte ein paar Mal Schwindelgefühle.

WARUM SATAN MICH AUSGEWÄHLT HAT

Weil ich einer von der sparsamsten Sorte bin, weil ich bescheiden bin, weil ich aufrecht und ehrlich bin, weil ich alles wissen wollte, weil ich zu Lebzeiten ins Paradies wollte, auf die Seychellen, ich bin hingeflogen und habe leider kein Paradies gefunden. Ich musste dieses Buch schreiben, ich hatte keine andere Wahl! Ich habe dieses Buch mit Satan geschrieben!

Peter Josef Brzeski

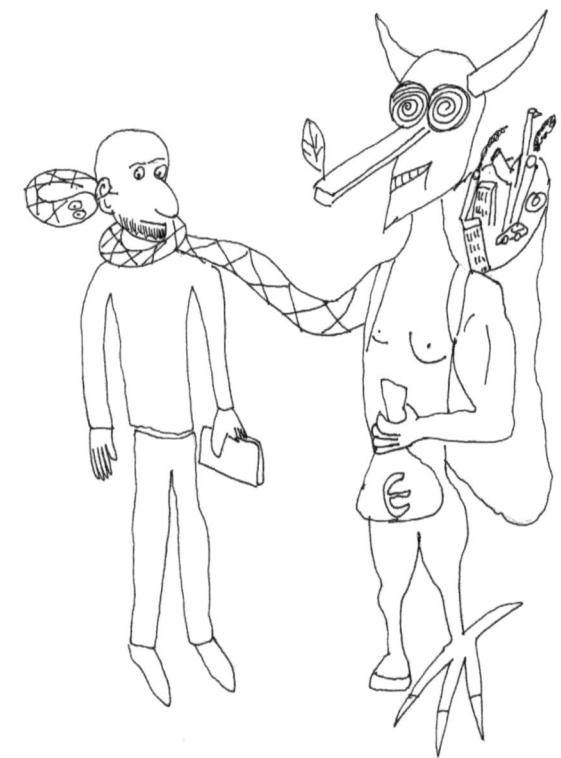

Der Autor

Peter Brzeski wurde 1972 in Polen geboren und wuchs in einem kleinen Ort in der Nähe von Danzig auf. 1989 wanderte er nach Deutschland aus, wo er eine Ausbildung zum Industriemechaniker absolvierte. Zunächst zog es ihn nach Irland, wo er 3 Jahre lebte und verschiedene Tätigkeiten in der Baubranche aufnahm. Im Alter von 33 übersiedelte er zurück in seine Heimat Polen, bevor es ihn wenige Jahre später letztendlich wieder nach Deutschland verschlug.

Zu den Hobbys des Autors zählen das Fahrrad- und Kajakfahren sowie das Zeichnen. Dieses besondere Talent spiegelt sich auch in den Illustrationen wider, mit denen er sein Erstlingswerk „Satans Beichte" gespickt hat.

DER VERLAG

VINDOBONA
VERLAG SEIT 1946

ein Verlag mit Geschichte

Bereits seit 1946 steht der Vindobona Verlag im Dienst seiner Bücher und Autoren. Ursprünglich im Bereich periodisch erscheinender Journale tätig, präsentiert sich der Verlag heute als kompetenter Partner für Neuautoren am deutschen, österreichischen und schweizerischen Buchmarkt. Engagement, Verlässlichkeit und Sachverstand – das sind die Grundpfeiler, auf denen der Verlag seit jeher sicher steht.

Sie möchten mit Ihrem Werk das vielseitige Verlagsprogramm bereichern? Der Vindobona Verlag garantiert Ihnen eine professionelle Prüfung Ihres Manuskriptes durch das Lektorat sowie eine zeitnahe Rückmeldung.

Genauere Informationen zum Verlag finden Sie im Internet unter:

www.vindobonaverlag.com